AF249983

MÉTHODE

ET

ENSEIGNEMENT

PAR

Edmond DREYFUS-BRISAC

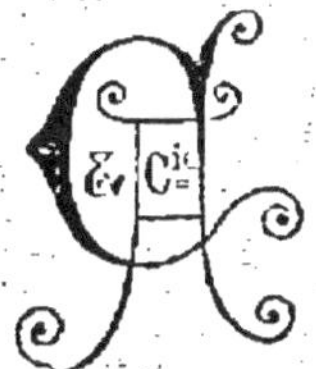

PARIS

ARMAND COLIN ET Cie, ÉDITEURS

Libraires de la Société des Gens de lettres

5, RUE DE MÉZIÈRES, 5

DE LA MÉTHODE

A APPORTER DANS L'ÉTUDE

DES QUESTIONS D'ENSEIGNEMENT

DE LA MÉTHODE

A APPORTER DANS L'ÉTUDE

DES QUESTIONS D'ENSEIGNEMENT

— Pensées et Réflexions diverses —

PAR

Edmond DREYFUS-BRISAC

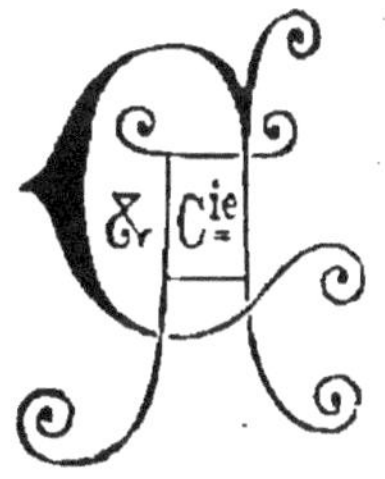

PARIS

ARMAND COLIN ET Cie, ÉDITEURS

Libraires de la Société des Gens de lettres

5, RUE DE MÉZIÈRES, 5

1895

DE LA MÉTHODE

A APPORTER DANS L'ÉTUDE

DES QUESTIONS D'ENSEIGNEMENT

⁓ J'ai beaucoup réfléchi aux moyens de
nous rendre un compte exact de l'état actuel
de l'éducation publique et de sa valeur
sociale, et le meilleur procédé est encore
celui que Descartes recommande pour les
spéculations de l'esprit : faire table rase,
pour un moment, de ce qui existe, se
demander, à supposer que tout fût à créer,
comment il faudrait organiser un système
d'éducation conforme aux besoins de notre
société ; puis comparer à cet idéal l'état
des choses ; enfin chercher quels sont les

obstacles entre la réalité et cet idéal, et dans quelle mesure, et par quels moyens, ces obstacles pourraient être surmontés.

~~ On distingue l'éducation publique et l'éducation privée, celle qui envisage un individu en particulier, et celle qui regarde *l'État* tout entier. C'est à ce dernier point de vue que nous nous plaçons ici et nous formulons ainsi l'objet de nos recherches : quels sont les meilleurs moyens pour organiser une instruction publique appropriée aux besoins de notre société républicaine et démocratique?

~~ Je vois dans le système d'instruction publique huit objets principaux à déterminer :

1° Le pouvoir législatif;

2° Le pouvoir exécutif et les autorités scolaires dans lesquels nous comprenons le ministre et ses agents, directions du ministère, inspecteurs de tout ordre et les conseils consultatifs de toute catégorie;

3° L'organisation administrative. — Les diverses catégories d'écoles et leur répartition sur le territoire;

4° Les programmes généraux et spéciaux et les méthodes générales et spéciales;

5° Les maîtres. — Titres de capacité, traitement, discipline;

6° Les élèves. — Durée des études, discipline, éducation;

7° La matière et l'esprit de l'enseignement;

8° Les examens. — Les sanctions.

⁓ On a beaucoup discuté sur les droits respectifs du père de famille, de l'État et de l'Église, débats oiseux et monotones, où l'on n'apporte plus aucun argument nouveau, et qui ne peuvent amener aucun rapprochement entre personnes qui suivent des voies opposées. Pour nous, qui nous plaçons exclusivement au point de vue de la société civile, nous organiserons les écoles publiques pour tous les besoins de cette société : laquelle est composée de

citoyens isolés et d'associations, perma-
nèntes et naturelles, comme la famille, la
commune et l'État, considéré comme la
grande famille et l'association universelle
des citoyens; et nous nous demanderons
quels services ces associations actuellement
existantes *peuvent* rendre à l'instruction
publique relativement aux huit objets qui
ont été précédemment énumérés; et parmi
ces services quels sont ceux qu'elles ren-
dent effectivement et si, en dehors de ces
groupes sociaux — j'entends exclusivement ceux qui tendent à l'utilité générale
et commune, — on peut en concevoir
d'autres susceptibles de rendre également
des services du même ordre, et si, par
exemple, oes circonscriptions administra-
tives plus du moins artificielles, telles que
le canton ou le département, ou toutes
autres à imaginer, peuvent être employées
au développement ou à la surveillance de
l'instruction publique.

Tableau sommaire de l'action normale des principaux facteurs sociaux sur l'Instruction publique, considérée dans ses éléments essentiels.

	LE LÉGISLATEUR	LE GOUVERNEMENT	LA COMMUNE	LA FAMILLE	L'INDIVIDU
Plan d'études.	Plan général.	Plans particuliers.	»	»	»
Inspection.	»	Inspection morale, pédagogique et politique.	Contrôle moral et matériel.	»	Membres de Comités scolaires.
Maitres.	Titres de capacité. Traitements. Retraites.	Nomination. Discipline.	Complément de traitement.	»	»
Élèves.	»	Règlements généraux et spéciaux.	Assistance.	Éducation.	»
Méthodes.	»	Id.	»	»	Expériences individuelles.
Esprit de l'Enseignement.	Législateur seul juge de cet esprit dans les écoles publiques	»	»	»	»
Programmes.	»	Programmes généraux et spéciaux.	»	»	»
Examens.	Sanctions.	Règlements organiques.	»	»	Membres de jurys ou commissions.
Écoles.	»	Catégories, lieu, nombre, etc.	Variétés locales.	»	Écoles privées.
Degrés d'enseignement.	Détermination générale des div. degrés.	Détails d'organisation.	Enseignements complémentaires.	»	»

~~ L'État *peut* seul assurer aux institutions la stabilité et la continuité néces-
saires; faire face par son budget aux
dépenses énormes et toujours croissantes
qu'exige la culture intellectuelle et scienti-
fique de la nation; former un corps de maîtres présentant les garanties de capacité
suffisantes, avec un traitement honorable
et une retraite décente; établir un système
d'examens qui soit le régulateur naturel des
études; encourager le talent et les initia-
tives utiles, et prévenir, par une surveillance active, les écarts de morale et les
boniments du charlatanisme.

Au Parlement, il appartient de décider
de l'organisation et du plan général des
études; c'est une des lois les plus impor-
tantes qu'il puisse voter. Au gouvernement
et à ses conseils de veiller aux détails de
l'organisation des programmes et des
méthodes, d'exercer la surveillance, de
choisir le personnel, etc.

L'État a besoin d'associer à cette tâche
immense non seulement ses fonctionnaires,

mais le plus grand nombre possible de citoyens de bonne volonté.

~~~ La commune, ou le groupe de communes réunies en canton, *peut*, en octroyant à un bon instituteur un complément de traitement, le retenir plus longtemps dans le même lieu (résultat toujours désirable), créer des écoles professionnelles, des chaires de Faculté qui répondent à des besoins locaux; enrichir le matériel pour lequel la loi n'exige que le strict nécessaire, exercer sur les maîtres une surveillance morale, et veiller en général à tout le ménage des écoles.

La commune *ne peut pas*, faute d'aptitudes, sauf dans de très grandes villes, choisir les maîtres, arrêter les programmes, etc.

~~~ Le département *peut* rendre des services analogues, mais bien moins importants, pour les établissements d'un intérêt régional; et son action est d'autant plus limitée que le préfet, représentant du pouvoir exécutif, jouit d'une autorité plus considérable; et, qu'en somme le départe-

ment est une division administrative tandis que la commune est une association naturelle.

~~~ Le père et la mère de famille, dignes de ce nom, *peuvent seuls*, par leurs leçons et leurs exemples, diriger, d'une façon complète et satisfaisante, l'éducation morale de leurs enfants. C'est assez dire que l'internat est un mal, alors même qu'on convient que c'est un mal nécessaire dans certains cas. L'internat des établissements privés est encore préférable à celui des établissements publics, parce qu'il laisse plus de place à l'action paternelle, et qu'il ne caserne pas, comme nos lycées, de véritables régiments d'enfants. Mais nous ne confondons pas l'éducation privée avec celle des congrégations, dont la tendance naturelle est d'avoir plus égard à l'intérêt de leur ordre qu'à celui de leurs pupilles et de relâcher les liens qui les unissent à leur famille et à la patrie. Les bons établissements privés, autres que ceux des congrégations, ont de
~~~

plus l'avantage de pouvoir faire certaines expériences interdites à l'*État*, qui *doit* avant tout assurer la stabilité des études, et de pouvoir créer des écoles mieux appropriées à certains enseignements particuliers que les écoles publiques, destinées à satisfaire, par une sorte de moyenne et de cote mal taillée, aux besoins généraux du plus grand nombre.

~~~ L'étude des écrivains de l'antiquité présente plus d'un danger. Comme nous ne possédons en général, sur leur vie, que des renseignements très pauvres et d'une authenticité douteuse, nous avons la tendance fâcheuse d'apprécier leurs idées comme ayant une valeur théorique absolue sans tenir compte des conditions dans lesquelles ces historiens ont vécu et des circonstances au milieu desquelles leurs livres ont été écrits. A mesure qu'on se rapproche du présent, ce danger diminue sans disparaître tout à fait. Quand il s'agit d'un comtemporain, par un travail spontané de l'es-
~~~

prit, nous replaçons l'auteur dans son milieu et nous faisons sans effort, dans ses écrits, la part du penseur et celle de l'homme de parti. Pour les anciens et même, sans remonter plus haut que notre XVIIe siècle, il n'en est plus de même. Quand on discute, par exemple, les théories de Hobbes — et quand on les flétrit plutôt qu'on ne les discute — tient-on assez compte des temps, des circonstances, des intentions de l'auteur et, si je puis dire, de la politique de son œuvre? Les livres qui sont écrits pour le public ont toujours le dessein de persuader non moins que les discours des orateurs. Il n'est pas moins vrai qu'on lit et qu'on critique un Platon, un Aristote, presque toujours comme de purs esprits et comme s'ils n'étaient pas aussi bien que nous des hommes de sang et de chair avec leurs intérêts et leurs passions. Sans doute, en les interprétant, les considérations que nous venons de faire valoir ne sont pas négligées entièrement; mais, en somme, elles ne font pas impression sur notre jugement; et les idées des anciens conservent pour nous une valeur presque absolue, tandis que celles des modernes n'en gardent une que tout à fait relative. Et de plus il est remarquable que nous demandons aux contemporains d'être pratiques, c'est-à-dire de proposer des réformes immédiatement réalisables et, par suite, presque toujours insignifiantes ; tandis que nous permettons aux anciens de discuter les questions théoriquement selon leur nature abstraite, et les mêmes idées qui nous enchantent dans les *Lois* et dans la *République* de Platon comme le système admirablement construit d'un profond penseur, nous en faisons mépris dans l'*Émile* ou le *Contrat social* de Jean-Jacques, comme les rêveries dangereuses d'un esprit fantasque et chimérique. Mauvaise méthode.

~~~ Un point important à considérer dans la réforme des études, c'est l'ordre dans lequel cette réforme peut s'opérer, et quelles sont les modifications qui doivent s'accom-
~~~

plir simultanément, et s'attirer, en quelque sorte, les unes les autres, dans un même mouvement rotatoire. C'est ainsi qu'avant d'introduire dans les écoles publiques un nouveau plan d'enseignement, il faut former un personnel apte et disposé à l'accomplir, sous peine de voir ces mesures échouer misérablement. De même, ne pas créer de nouvelles chaires dans les Facultés avant d'avoir à sa disposition les maîtres capables. Il est également contraire au bon sens de renforcer les programmes existants, alors que l'utilité même de ces programmes est contestée, et qu'il est question de leur en substituer d'autres ou de faire place à de nouveaux enseignements. Concluons, pour des raisons analogues, déduites d'une saine méthode, qu'une réforme de l'internat présuppose celle du provisorat, de l'inspectorat, et du personnel préposé à la discipline. Il y a nombre de problèmes du même genre qui ne peuvent se résoudre séparément, au jour le jour et au hasard; ils forment un tout presque indivisible; mettre un doigt à l'un, c'est toucher, en même temps, à tous les autres.

~~~ La question des livres de classe, qui est de la plus grande importance, n'a jamais été qu'effleurée par les pédagogues. Il faut distinguer entre les livres spécialement écrits pour les classes, tels qu'histoires, chrestomathies, manuels, grammaires, etc., et les livres qui s'adressent au grand public, et qu'on fait servir, par un choix plus ou moins judicieux, à l'enseignement. Il faut distinguer entre les livres anciens plus ou moins remplis de notions étrangères à notre époque, ou qui exigent d'infinis commentaires pour être entendus des enfants, et les livres modernes, parfois d'une moralité douteuse, et presque toujours infectés de l'esprit de parti. Il y a en France, notamment toute une littérature écrite par des prêtres pour des princes dont ils étaient les instituteurs, et qui forme encore, en partie, la bibliothèque scolaire des écoles laïques où l'on élève nos jeunes républicains. Tous ces
~~~

livres devraient être étudiés à fond et de près, au point de vue des doctrines qui y sont renfermées, et de l'effet général qu'elles peuvent produire sur le cœur, sur l'esprit, et surtout sur la volonté.

⸺ De même qu'on recherche les propriétés des substances qui servent à l'alimentation, il faut examiner la valeur propre des ouvrages composés en vue de l'enseignement. On peut prévoir *a priori* que le résultat de cette enquête ne sera guère favorable. Comme l'intérêt de l'éditeur est la vente la plus considérable possible, qui l'obtient en contentant le plus grand nombre d'opinions, il s'ensuit que les livres de classe sont presque toujours d'une platitude inoffensive ou tout au moins d'un caractère hybride, peu approprié à leur véritable fin.

Et comme ces ouvrages sont le plus souvent un gagne-pain pour les auteurs, ceux-ci, pour plus de rapidité, les rédigent même en vue de nouveaux programmes, sur les modèles anciens qui ont servi à leur propre éducation, et dont les formules, les exemples, les nomenclatures, les jugements s'imposent en quelque sorte à leur imagination prévenue et hypnotisée. Trouvez donc un auteur et un éditeur qui s'entendent pour faire le meilleur ouvrage possible, et non pas le plus lucratif!

— Il est bon d'étudier les institutions étrangères parce qu'elles offrent des points de comparaison utiles, mais aussi parce qu'aucun système n'étant tout à fait nouveau, ni entièrement propre à un pays, on peut ainsi profiter des expériences faites, éviter le risque des tentatives qui ont échoué ailleurs et réunir, en un espace de temps relativement court, des observations qui demanderaient autrement à être échelonnées sur de longues périodes d'années. Mais ces études comparées doivent être conduites avec une extrême prudence et il est très dangereux de faire témérairement l'application d'un système étranger, sans connaître profondément l'histoire, les mœurs, les croyances et l'organisation politique et sociale de cette nation.

Il faut montrer plus de circonspection encore quand on étudie les systèmes des peuples anciens dans les histoires que l'antiquité nous a transmises. Pour bien apprécier des institutions si éloignées, alors que nous avons tant de peine à juger celles de notre temps et des époques voisines de nous, il est besoin d'une bien forte érudition et d'une bien rare sagacité et, outre que l'érudition et la sagacité se trouvent difficilement réunies dans la même personne, on peut affirmer, comme un fait à peu près constant, que les savants qui sont plongés si avant dans l'étude du passé n'ont guère le temps de faire servir leur science à la vie quotidienne et n'apportent pas aux affaires publiques un sens critique aiguisé par l'expérience journalière et l'observation exacte des nécessités présentes.

⁓ Parmi les ouvrages de pédagogie dont la lecture peut rendre le plus de services il faut compter les monographies d'établissements scolaires. Rédigées le plus souvent d'après des documents authentiques, elles projettent des lueurs inattendues sur toute l'époque dont elles présentent le tableau en raccourci. Mais il faut consulter ces ouvrages avec discernement et étudier avec autant d'attention les appendices, où se trouvent réunis les documents, que le texte même qui les interprète. Car, outre qu'on peut craindre une certaine partialité chez des hommes d'ordinaire affectionnés à la maison qu'ils décrivent, il peut se faire aussi que les auteurs de ces travaux se montrent mieux intentionnés qu'habiles et sagaces, et ne tirent pas tout le parti possible des matériaux qui sont à leur disposition.

⁓ Une longue expérience n'a que trop montré que le choix des branches d'études à tous les degrés est une des questions les plus ardues de la pédagogie. On ne peut plus tout savoir aujourd'hui, encore moins tout apprendre à des enfants dans un temps relativement court et que les exigences du service militaire et des carrières futures peuvent faire paraître encore trop long à quelques-uns. D'autre part, il faut cultiver l'esprit sans le déprimer, lui faire perdre son élasticité native, et le meubler, l'orner, sans nuire à son développement spontané et progressif. Il est donc d'une bonne méthode d'étudier une à une toutes les branches d'études pour se rendre compte non seulement de leur utilité absolue (matérielle ou morale), mais de leur utilité relative entre elles et relative à notre temps. Or l'axiome qu'on apprend pour la vie et non pour l'école ne signifie rien ou il signifie qu'en cette question ce sont les besoins présents qu'il faut avoir constamment sous les yeux et que les arguments tirés du passé n'ont qu'une valeur secondaire. C'est en se plaçant à ce point de vue, à la fois éducatif et pratique, qu'il faudra apprécier l'importance plus ou moins grande des langues anciennes et modernes, des lettres et des sciences, etc. Par exemple, de ce que l'enseignement d'une langue ou d'une science peut être utile à quelques-uns, à certains égards, il ne s'ensuivra pas qu'il faille absolument l'enseigner dans les écoles publiques qui doivent satisfaire aux besoins généraux du plus grand nombre.

~ A l'école primaire il y a un *minimum* d'éducation qu'il est nécessaire d'atteindre complètement et qu'il est dangereux de dépasser dans les règlements rédigés en vue du plus grand nombre. Dans ce minimum, nous comprenons l'éducation proprement dite qui devrait être conduite méthodiquement aussi bien que l'instruction.

~ Extrait du *Discours de la Méthode* : « Il n'y a pas tant de perfection dans les ouvrages composés de plusieurs pièces et faits de la main de plusieurs maîtres, qu'en ceux auxquels un seul a travaillé. Aussi voit-on que les bâtiments qu'un seul architecte a entrepris et achevés ont coutume d'être plus beaux et mieux ordonnés que ceux que plusieurs ont tâché de raccommoder en faisant servir les vieilles murailles qui avaient été bâties à d'autres fins.

« Je crois que si Sparte a été autrefois très florissante, ça n'a pas été à cause de la bonté de chacune de ses lois en particulier, vu que plusieurs étaient fort étranges et même contraires aux bonnes mœurs, mais à cause que, n'ayant été inventées que par un seul, elles tendaient toutes à une même fin. »

⁓ La théorie darwiniste, bien qu'encore l'objet de graves controverses, transportée, par une analogie douteuse, du domaine physique dans le domaine moral, a été peu favorable au progrès, autant du moins qu'on cherche à le réaliser par des réformes radicales et surtout par des mesures révolutionnaires. Les termes d'évolution et de révolution accusent une véritable antinomie, comme art et nature, liberté et

nécessité, ordre et anarchie. Aussi le *Contrat social*, si admiré il y a peu de temps
encore, est-il aujourd'hui l'objet de jugements dédaigneux comme renfermant (à ce
que l'on assure) un système révolutionnaire.
Nous assisterons sans doute aussi prochai-
nement à une exécution non moins sommaire du *Discours de la Méthode*, car s'il est
vrai que le *Contrat social* ne pouvait s'appliquer qu'en faisant table rase des institutions existantes, il est facile d'adresser le
même reproche à l'écrit de Descartes qui
considère par hypothèse comme non existantes et soumises à une revision critique de
la raison toutes les idées, à commencer par
celles de l'Existence de Dieu et des rapports
de l'âme et du corps. La méthode révolutionnaire a cependant cela de bon (du moins
en pure logique) qu'elle dégage l'accidentel
historique de la substance permanente et
qu'elle cherche pour les idées et les institutions qui les réalisent des voies conformes
à leurs fins. S'il est vrai que le droit du
plus fort a été l'origine des institutions, à

une époque où l'instinct avait bien plus de puissance que la raison ; s'il est vrai, d'autre part, que les meilleures institutions se corrompent en vieillissant, il arrive un moment où une réforme profonde devient indispensable, et il est heureusement probable que le besoin de réformer coïncidera avec une époque plus éclairée que celle où ces institutions ont pris naissance. Et comme ceux qui profitent des abus sont peu enclins de nature à les corriger à leur détriment, il peut se produire des circonstances où une révolution sera à la fois nécessaire et inévitable. Cette révolution ne devra pas être jugée par ses actes pendant la période révolutionnaire, parce que pendant une telle période, il ne s'agit que de détruire les obstacles qui s'opposent au progrès et de déblayer le terrain pour la reconstruction future. Ce n'est qu'alors que le passé a été définitivement vaincu, que la période d'organisation peut utilement commencer. Mais il peut arriver aussi, par un concours fatal de circonstances, qu'un homme extraordinairement doué et dans l'âme hostile à la Révolution, s'élève sur les ruines de l'ordre de choses disparu et fasse cependant obstacle à l'établissement d'un régime nouveau. Tel fut Napoléon qui, comme presque tous les héros de l'histoire, n'a été utile qu'à lui-même et, pour avoir taillé la société sur son patron, a paralysé pour longtemps son développement normal, sans procurer, en échange d'une dictature avilissante, des institutions durables et appropriées aux besoins du siècle et de la nation. De sorte qu'après la chute de cet effroyable égoïste, si l'on s'est servi d'un terme inexact en disant que la Révolution n'était pas terminée, du moins fallait-il bien constater que la société nouvelle, issue de cette Révolution, n'était pas organisée. En ce qui concerne l'instruction publique, l'action de Napoléon a été particulièrement néfaste et malfaisante. Il a empêché le système philosophique du xviiie siècle de suivre sa pente naturelle; en cela aussi, il a fait dérailler, comme un train en marche, la Révolution, ou du moins il l'a aiguillée sur l'ancienne voie.

~~~ Nous étonnerons sans doute plus d'un lecteur en constatant que les origines de l'Université impériale sont fort obscures. Dans quelle mesure Napoléon s'est-il inspiré des institutions étrangères? A-t-il été amené peu à peu par l'échec persistant (malgré tous les expédients) de l'enseignement d'État, sous le régime de la liberté, à rétablir l'ancien monopole? En lisant les ouvrages du président Rolland on voit qu'à la veille de la Révolution, après l'expulsion des Jésuites, il était sérieusement question d'une sorte d'union ou fédération de toutes les Universités provinciales avec celle de Paris et de la division de la France en quelques grands territoires académiques. Ces idées, combinées avec les avantages du système corporatif, pour le recrutement régulier du personnel, pouvaient aboutir à une conception assez semblable à celle de l'Université impériale. Il faut tenir compte aussi
~~~

de l'action sourde et continue des bureaux,
organisme essentiellement conservateur, et
des conseils éclairés d'hommes tels qu'Ar-
nault qui devaient voir dans la nouvelle institution tout au mois le germe et l'embryon
d'un grand enseignement national.

~~~ Je lis dans une intéressante notice sur
l'institution Savouré (par M. L. Lacroix,
Paris, imprimerie Gros, 1853) l'anecdote
suivante :

« Au mois de mars 1796 le général Bona-
parte, avant de se rendre à l'armée d'Italie,
vint à la pension de la rue de la Clé pour y
placer son jeune frère Jérôme. « Monsieur,
dit-il, en abordant le vénérable instituteur,
« j'ai cherché dans tout Paris une maison
« d'éducation dans laquelle, à la tradition
« des bonnes et fortes études de l'Univer-
« sité, on joignît celle des habitudes et des
« sentiments religieux qui ont si malheu-
« reusement disparu parmi nous, et je n'ai
« trouvé que la vôtre. J'ai un jeune frère
« dont l'éducation s'est ressentie des temps
~~~

« de trouble et de désordre que nous venons
« de traverser; si vous voulez avoir la bonté
« de l'admettre parmi vos élèves, je vous en
« serai reconnaissant. Je suis nommé gé-
« néral en chef de l'armée d'Italie, je vais
« partir pour aller en prendre le comman-
« dement. Si pendant mon absence vous
« avez la bonté de m'adresser une fois par
« décade le bulletin de mon frère, vous
« pouvez compter que, quelque occupé que
« je sois des soins de mon armée, je trou-
« verai toujours le temps de vous ré-
« pondre [1]. »

Faut il s'étonner que Napoléon ait pré-
féré, comme grand maitre de son Université, le religieux et disert Fontanes au
savant et libre penseur Fourcroy?

— Nous avons en France essayé de l'autorité pour le gouvernement de l'Église,
pour le gouvernement de l'État et pour

----

1. Cette citation est due textuellement à l'amiral
Ph. Baudin, dont le père accompagnait Napoléon
dans cette visite.

celui des enfants, et nous n'avons pas trop bien réussi. Essayons un peu de la liberté.

— *Éducation libérale*, singulier terme pour exprimer une discipline qui façonne à l'obéissance et qui ne fortifie pas la volonté !

— Je ferai un jour une étude détaillée du budget de l'instruction publique et je prouverai que les chapitres les plus importants sont parfois les moins dotés, alors que l'équilibre général des dépenses serait facilement maintenu par une répartition plus logique et plus sensée.

— Il y a plusieurs manières d'aimer la République, mais il n'y a qu'une seule manière de la servir, c'est en faisant sa volonté, ou en d'autres termes en respectant ses lois.

— Ce qui se passe en France pour l'enseignement primaire est vraiment curieux; on invoque constamment comme un des titres d'honneur du gouvernement républicain la loi qui consacre l'obligation; et jamais l'administration n'a cherché deux ans de suite à l'appliquer dans sa lettre et dans son esprit.

~~ Regardez le paysan, en apparence le plus borné, le plus stupide; comme son intelligence s'éveille et s'ingénie quand ses intérêts sont en jeu!

Par des raisons analogues n'y aurait-il pas grand profit pour le développement intellectuel des enfants à les appliquer surtout à des études qui les intéressent?

L'ENSEIGNEMENT SECONDAIRE EN FRANCE ET EN ALLEMAGNE

~~ *Catégories d'écoles.* — En France, une sorte d'écoles : les *lycées* avec deux plans d'études distincts, l'un classique, l'autre moderne. En Allemagne : deux catégories d'établissements, *Gymnases* et *Realschulen*.

On dit souvent en Allemagne que les Realschulen donnent surtout un enseignement utilitaire, tandis que les gymnases sont voués à la culture désintéressée des esprits. En réalité les gymnases comme les Realschulen sont des écoles professionnelles qui préparent, les unes à la vie pratique, les autres à l'Université. Il en serait de même en France depuis que l'unité des études secondaires a été brisée par la création de l'enseignement moderne, si l'on ne se hâtait d'établir les mêmes sanctions pour les deux natures d'enseignement.

Programmes. — En Allemagne, dans les gymnases, l'esprit de l'enseignement est presque exclusivement littéraire et cependant ces établissements ouvrent seuls l'accès de toutes les carrières, même des carrières scientifiques. L'inconséquence d'une pareille organisation saute aux yeux dans un siècle voué, comme le nôtre, au progrès des sciences. En France, l'enseignement classique n'a plus un caractère aussi exclusif et les cours des classes supérieures qui préparent aux grandes écoles ont atténué partiellement, dans la pratique, les inconvénients qui subsistent dans le système allemand.

Méthodes. — Les différences ne sont plus aussi tranchées qu'autrefois. On compose plus en France qu'en Allemagne. On lit plus en Allemagne qu'en France. Dans l'explication des textes le commentaire est ici plutôt littéraire, et là-bas plutôt historique et grammatical. Nous écrivons mieux notre langue et nous pénétrons moins dans le génie des langues anciennes.

Éducation. — Internat et externat : pas de récompenses chez eux ; chez nous, prix et concours ; l'émulation surexcitée d'une part, et à peine éveillée de l'autre. Voilà des conceptions très opposées. Il semble, à première vue, que le système allemand convienne mieux à une république et le système français à une monarchie.

Organisation pédagogique. — Ici des maîtres de classes, là des professeurs spéciaux, répartis généralement entre trois divisions : élémentaire, moyenne, supérieure. En Allemagne, avancement sur place, presque toujours à l'ancienneté ; en France, continuels déplacements au choix et à la faveur. Les

proviseurs des lycées surtout administra-
teurs; les directeurs des gymnases ou des
Realschulen avant tout pédagogues. En
tenant compte de l'institution dictatoriale
des inspecteurs généraux (*missi dominici*)
que l'Allemagne nous envie encore, il faut
bien convenir que le directeur allemand pos-
sède une plus grande autorité morale que
celle de notre proviseur français. Celui-ci
n'est guère que le major, celui-là est le vrai
colonel du régiment.

~~~ Pour démontrer l'utilité, la nécessité
même de l'éducation physique, on invoque
toujours le péril extérieur. Que ne dit-on
que cette éducation est aussi indispensable
au citoyen qu'au soldat, que si la grande
majorité raisonnable avait du courage civil et
un bras robuste elle n'aurait rien à craindre
d'une infime minorité révolutionnaire, et se
ferait elle-même sa police, bien mieux
qu'avec des agents quelquefois malavisés
ou brutaux et toujours trop peu nombreux.
~~~

~~~ La religion catholique étant basée sur le péché originel et la rédemption, il paraît logique de conclure que l'*optimisme* de Jean-Jacques Rousseau, dans l'*Émile*, est, non pas plus anti-religieux, mais plus anti-chrétien que le pessimisme de Voltaire dans *Candide*.

~~~ De tous les cultes celui de l'*Être suprême* est peut-être le plus en contradiction avec le *Déisme* de Rousseau, dont l'idée maîtresse est qu'on peut se passer de toute religion sans être athée.

~~~ On cherche dans l'*Émile*, pour me servir d'une expression vulgaire mais qui rend bien ma pensée, « la petite bête ». Que n'y fait-on ressortir la grande pensée qui domine l'ouvrage et qui a révolutionné le monde : je veux dire le devoir pour les parents de s'occuper eux-mêmes de l'éducation de leurs enfants et de ne pas abandonner ce soin aux prêtres ou aux laquais.
~~~

— Si Rousseau a jamais menti, c'est pour se calomnier.

— Optimisme et éducation : deux termes d'une même idée.

— Croyez bien qu'un homme de génie n'écrit pas un livre de longue haleine sans une arrière-pensée dominante, vers laquelle il fait converger toute sa science, toute sa logique, toute son éloquence. Son œuvre, malgré le prestige des idées et du style, serait manquée à ses yeux si elle ne creusait pas dans l'esprit public le sillon voulu par lui. Rabelais, en pleine inquisition, agite ses grelots et nous enseigne l'art de faire impunément la leçon aux prêtres et aux rois. Montaigne au milieu des guerres religieuses et des fureurs de l'esprit de secte, élève sa voix moqueuse et sceptique pour combattre le fanatisme. Faut-il donc s'entre-tuer chacun pour sa foi, si rien n'est prouvé, si le pour et le contre peuvent se soutenir par des arguments d'égale force? Hobbes, vers le temps de Cromwell, arme le souverain

d'une autorité sans bornes contre les empié-
tements de l'Église et lui donne plein pouvoir pour faire régner l'ordre, la paix et la
justice. Avant le *Contrat social*, il propose
une profession de foi capable de rallier pro-
testants et catholiques. Rousseau va plus
loin. Pour jouir de l'égalité et de tous les
droits sociaux il suffira, avec lui, de croire
à Dieu, ou, moins encore, de ne pas combattre publiquement cette croyance. Enfin
l'école positiviste écarte toute idée religieuse
de l'esprit de l'homme, et lui mettant en
main l'arme de la science, l'envoie à la con-
quête de tout le bonheur possible en ce
monde de son vivant.

L'*Émile* a aussi sa politique. L'idée
d'ajourner, selon la loi de nature, l'enseignement religieux à l'âge de raison est, pour
le temps, une conception d'une portée éton-
nante et d'une hardiesse extraordinaire.

⁓ Ouvrir la Sorbonne aux conférenciers
et aux femmes, c'est introduire l'ennemi
dans la place.

~~~ L'École normale supérieure est une institution séculaire qui a rendu, dans le passé, les plus grands services à l'enseignement national, aux époques de réaction politique et avant la réorganisation de nos Facultés. Aujourd'hui on conteste son utilité. Ses adversaires disent : « C'est une pépinière de journalistes; son enseignement fait double emploi avec celui des Facultés. » Ses défenseurs répondent : « L'École a perdu ses privilèges, et cependant le nombre des candidats augmente chaque année. Quant au niveau des études, il s'élève constamment. » Pour nous, qui sommes désintéressé dans la question, ce qui nous préoccupe c'est que l'École, avec son organisation actuelle, est peut-être le plus grand obstacle à cette décentralisation universitaire si désirée par tous les amis de l'enseignement supérieur en France. Sans parler des étudiants, il est clair que les conférences de la rue d'Ulm enlèvent au personnel enseignant des Facultés provinciales une partie de leurs meilleures forces·
~~~

L'École normale sup'rieure, l'École des Hautes Études, la Sorbonne et la thèse en Sorbonne, en vérité c'est faire à Paris la part trop belle !

∿ Respectons le passé à la condition qu'il ne tue pas le présent. Une des principales fonctions des Facultés est de faire des docteurs. Mais la Sorbonne est-elle la seule Faculté de France ?

∿ La morale peut s'enseigner d'une façon plus ou moins directe dans les lycées et les écoles primaires, mais, réduit au strict nécessaire, cet enseignement n'a pas une très grande utilité. Par bonheur, l'homme n'est pas méchant à ce point et les voleurs, les brigands de grands chemins sont rares de notre temps. D'ailleurs ces natures vicieuses jusqu'aux os et dans le sang, l'éducation peut-elle les purifier ? Ce qu'il faudrait cultiver dans l'âme de nos enfants c'est la fleur de vertu, l'honnêteté dans toute sa délicatesse et sa pureté. Cette œuvre, vrai sacerdoce, est bien difficile hors de la maison paternelle. Et cependant ce sont là les leçons qui manquent le plus aux fils et aux filles de paysans, d'ouvriers, de commerçants... Le Décalogue, bon sans doute pour le petit Asiatique, ne devrait pas leur suffire.

～～ Ce que Montaigne a écrit sur l'éducation des enfants est peut-être la partie la plus originale et en même temps la plus positive, la plus affirmative et doctrinale de ces *Essais* qui cherchent tant et si peu à *prouver*.

～ Il est beau de voir jaillir des *Essais*, comme d'une source fécondante, les *Pensées* de Pascal et l'*Émile* de Rousseau, que traverse et sépare la distance de tout un siècle.

～～ Montaigne me fait l'effet d'un grand réservoir d'idées, continuellement grossi par l'afflux de sources lointaines et antiques et qui alimente, par une quantité de canaux larges ou étroits, les écrits modernes et contemporains. Entremetteur charmant et libéral de vérités aimables et complaisantes, il en détaille à nos regards amoureux toutes les grâces et les vertus diverses. Le plaisir est complet. Rien ne manque, pas même ce clignement d'yeux qui fait voir — mais aux seuls initiés — les beautés et les imperfections les plus cachées de ce lieu de délices.

~~~ Par cette habitude de Montaigne de sans cesse se corriger et de remplumer (pour ainsi dire) sa pensée en paroles, le fil des idées se perd quelquefois, les menues réflexions s'enchevêtrent et se gênent mutuellement.

~~~ Chez Montaigne, avec toutes ses recherches et ses trouvailles de style, la traduction ne reproduit pas toujours toutes les nuances de l'original, même quand les citations sont de celles qu'on pourrait rendre exactement sans braver l'honnêteté.

~~ Tu m'as dit, cher philosophe, la même chose sous vingt formes différentes, je te comprends; fais-moi grâce, pour une fois, d'un nouveau tour de phrase.

~~ Ce croyant de Pascal nous montre l'homme moins humble, moins humilié, que Montaigne le sceptique; il le ravale moins bas; du moins il tient, comme dans une balance, notre condition humaine, et par le poids de ses arguments tantôt l'abaisse et tantôt l'élève.

~~ Puisque Montaigne ne craint rien tant que l'opinion fausse qu'on pourrait concevoir de lui, prenons pour vrai le portrait qu'il nous trace; faisons-lui ce plaisir.

~~ « L'instrument le plus efficace de la culture générale du peuple, ce ne sont pas ses écoles; c'est la presse qui s'adresse non plus à des enfants, mais à des hommes et qui les excite à se former des opinions. Notre presse actuelle paraît ne plus se soucier d'instruire; elle se contente de donner satisfaction à la curiosité, en l'amusant. »

Qui donc, me demandez-vous, a écrit ces lignes? C'est un ministre de l'Instruction publique.

⁓ Si la presse est un moyen d'instruction, l'éducation des enfants en est un autre, fort apprécié par les grands penseurs de tous les temps. Elle a cette incontestable supériorité d'être l'initiatrice, de donner au caractère son premier pli, de jeter dans l'esprit la semence des idées qui s'y développeront plus tard. Le journal s'adresse à l'homme fait, et il ne pourra pas le défaire, avec son léger cliquetis de phrases courantes, si l'éducation a été vraiment forte et profonde et si la raison a pris l'habitude de voir juste et de marcher droit.

⁓ C'est faire violence à la nature des choses que d'assigner à la presse (je veux dire au journal) comme sa principale mission ou fonction, ce rôle d'éducateur. Le journal peut instruire indirectement, en glorifiant les belles actions, en flétrissant le vice, quel que soit le drapeau sous lequel il s'abrite; en rapportant avec impartialité et exactitude tous les faits, même ceux qui pourraient profiter à l'adversaire; en restant étranger à toutes les spéculations, même à celles qui l'enrichiraient aux dépens des lecteurs trop naïfs : idéal difficile à atteindre, s'il faut en croire une expérience à peu près constante et universelle. Mais la directe et véritable fin du journal, surtout de celui qui ne poursuit que le triomphe d'une idée, n'est pas d'instruire, mais de persuader, de séduire l'opinion pour l'attirer à soi.

⁓ On ne peut vraiment instruire que l'enfance, parce que, seule, elle est à la fois malléable et désintéressée dans son insouciance; l'homme *fait*, précisément parce qu'il est tel, n'obéit plus qu'à la voix de l'intérêt et des passions; soumis, jusqu'à en être esclave, aux habitudes et façons de sentir et de penser qu'ont développées chez lui, à des degrés divers, la nature et l'éducation.

~~ Sans doute, si tous les journaux étaient écrits par d'honnêtes gens, avec un souci loyal de la vérité, ils produiraient tous ensemble une action salutaire sur l'opinion. Mais laissons là cette invraisemblable hypothèse, et ayons le bon sens de reconnaître que si la grande majorité des intelligences sont crédules et accessibles à l'erreur, c'est que leur éducation première a été nulle ou superficielle et ne les a pas suffisamment mises en défense et armées de notions claires et saines contre les entreprises de la cupidité et du mensonge.

~~ D'ailleurs ces journaux, qui les écrira? Des hommes, je suppose, qui eux aussi auront été enfants, et plus ou moins bien élevés.

~~ Un homme vraiment instruit ne devrait chercher dans un journal que des nouvelles, des renseignements, et non pas des conseils, des directions. L'Esprit-Saint serait-il descendu dans la plume de cet improvisateur, convaincu ou non, qui s'érige et finit par se croire — tant l'amour-propre rend outrecuidant — arbitre universel et conducteur de peuple !

— Cette prétention des journalistes de *régenter* le monde est vraiment admirable ! Qu'ils possèdent sur d'autres hommes, autant et plus instruits qu'eux, l'enviable privilège d'avoir une tribune pour haranguer la multitude et lui annoncer la bonne ou la mauvaise nouvelle, j'y consens. Qu'à force de manier la plume, comme l'artisan son outil, ils apprennent à s'en servir avec plus d'aisance et de dextérité que le commun des mortels, je le veux bien. Mais leurs idées valent-elles mieux que les miennes? Sont-elles plus mûries, plus désintéressées, mieux marquées au coin du bon sens? Ont-elles du moins sur les nôtres cette supériorité que donnent les années et l'expérience? Bien rarement. Si je rêvais un âge d'or pour la démocratie, ce serait celui où tous les citoyens n'émettraient leurs suffrages, qu'après une étude attentive et personnelle des faits et en s'inspirant du conseil éprouvé des sages et des anciens.

⸺ Qu'un homme fait instruise un enfant, cela est dans l'ordre des choses, raisonnable et nécessaire. Mais ce lecteur que notre journaliste prétend instruire est un homme, lui aussi. Il y a entre eux, à cet égard, égalité de valeur. Je ne vous reconnais aucune autorité sur moi par cela seul que vous faites chaque jour votre métier, comme je fais le mien.

⸺ Le journaliste n'est pas, ne peut pas être un homme de paix, un éducateur : c'est un soldat. Au service d'un parti ou même d'une idée, par goût, par nécessité, comme par métier, il vit perpétuellement dans l'état de guerre.

— Qu'il y ait des partis en politique, et dans ces partis des coteries, envahissantes et accapareuses, il faut bien s'y résigner; mais dans le domaine de l'éducation, cette terre sacrée, — je le demande aux honnêtes gens d'accord sur le but et sur les moyens, — n'est-ce pas un grand malheur de laisser pousser de plus en plus cette mauvaise herbe de la camaraderie et du népotisme?

— On se plaint toujours de la *décadence* des études; mais, selon les exigences du maître, ce mot peut avoir des sens bien différents. J'assistais à une classe de *prima* dans un gymnase de Berlin : un élève, à qui l'on demandait le prénom ou le surnom d'un personnage romain assez obscur, ne sut pas répondre; le professeur le réprimanda d'un ton sévère, le menaçant de ne pas l'admettre à l'examen de fin d'études! Pareil délit d'ignorance, à l'égard d'un écrivain ou d'un homme d'État allemand, eût sans doute paru moins grave à notre pédagogue.

~~~ Établir en France une République athénienne : on sent bien la pensée de l'auteur, mais le terme de comparaison est aussi inexact que possible.

~~~ On nous dit : *Idéal* et *utopie*, c'est une seule et même chose; soyons pratiques; prenons le monde tel qu'il est, tel que l'histoire l'a fait. — Il le faut bien; mais si nos ancêtres avaient, eux aussi, un idéal, serons-nous condamnés à perpétuellement adorer leurs chimères?

~~~ L'école laïque et l'école confessionnelle se trouvent, je le veux bien, aux deux pôles opposés, par les principes qu'elles représentent; mais entre l'école *sans Dieu* et l'école spiritualiste il n'y a guère moins de distance.

~~~ Pour concilier la *liberté de l'enseignement* avec l'*instruction obligatoire*, ne faudrait-il pas reconnaître à l'État le même contrôle régulier et presque la même auto-

rité sur le personnel des écoles libres que sur celui des écoles communales?

Mais, dans ces conditions, la liberté ne serait-elle pas en péril?

— L'éducation publique doit développer la vertu civile par excellence, l'amour du prochain, et cet esprit de dévouement à l'intérêt général qu'il ne faut pas confondre avec la *sociabilité*, tendance très utile, à la vérité, mais compatible avec l'égoïsme dans ce que ce vice a de plus dur et de plus odieux.

— Un système d'*instruction* tout à fait identique ne convient pas sans doute à toutes les nations, grandes ou petites, isolées ou non dans leur territoire. Mais *l'éducation* doit être partout la même, car les honnêtes gens et les bons citoyens ne sont trop nombreux dans aucun pays.

— Si les tentatives faites sous la Révolution pour réformer l'éducation nationale n'ont pas abouti en ces temps si troublés, la responsabilité de cet échec, encore sensible aujourd'hui, ne doit pas rejaillir sur les idées, qui étaient justes, mais sur les circonstances, qui étaient contraires et ne se prêtaient pas au législateur.

Tout manquait alors, l'argent, les maîtres, le temps... Rien de cela ne fait plus défaut; ce qui manque aujourd'hui, c'est une bonne méthode, et un emploi persévérant et judicieux de nos richesses et de nos forces.

~~~ J'ai indiqué, dans un tableau sommaire, le rôle naturel et la part d'intervention logique de l'État et des autres facteurs sociaux dans le domaine de l'instruction publique. A l'État, par exemple, d'assurer avant tout, par des mesures obligatoires pour tous, un minimum d'instruction et d'éducation. Or on ne parle aujourd'hui que de créer des variétés supérieures de l'enseignement primaire, alors qu'à Paris même on n'a pas assez d'écoles pour recueillir tous les enfants qui ont le plus besoin de
~~~

la discipline morale de l'éducation. Donnons d'abord à tous le nécessaire, le reste viendra assez tôt.

⎯ Il y a une contradiction évidente à centraliser les services de l'enseignement primaire et à laisser dépendre, fût-ce en partie, du bon vouloir des Conseils généraux, la prospérité des Écoles normales. Il est trop clair que sans maîtres, comme il en faut, les écoles ne sont que des amas de pierres ou de briques.

⎯ Certaines confusions d'idées ne sont pas rares dans les esprits superficiels. Parce que le terrain sur lequel la Révolution pensait établir l'édifice de ses institutions scolaires s'est dérobé faute du temps matériellement nécessaire pour assurer les fondements, on en a conclu, l'esprit de parti aidant, que les matériaux de construction étaient eux-mêmes mauvais et défectueux, comme si Paris, qui n'a pas été bâti en un jour, ne reposait pas sur des catacombes.

— Nous sommes peut-être injustes pour le présent. Le bouillonnement de la surface nous empêche de voir le travail lent mais réel qui s'opère dans les profondeurs.

— Beaucoup d'instituteurs reçoivent encore les visites, même les mieux intentionnées et les plus flatteuses pour eux et pour leur école, avec cet air de défiance qu'on remarque chez nos paysans, si longtemps opprimés.

— Il faut féliciter M. Buisson d'avoir dit, en propres termes, au Congrès de Nantes : « Il n'y a pas deux Frances, la France des fonctionnaires et la France des citoyens. » Si le représentant du Ministre a cru devoir insister sur une telle déclaration, c'est qu'il sentait combien, dans les circonstances présentes, elle était nécessaire. Mais ce que nous désirons ce n'est pas seulement « une rencontre cordiale du gouvernement et de l'initiative privée », c'est aussi une *action commune*, sans doute limitée dans la mesure convenable, mais avec des attributions précises et une réelle part d'autorité pour l'une comme pour l'autre.

〰 Comme un captif, au sortir de sa prison, est grisé par le grand air, nombre d'instituteurs, émancipés d'hier, semblent enivrés de leur liberté. Laissons le temps faire son œuvre; il rétablira l'équilibre et la bonne santé de l'esprit.

〰 Seize Académies, c'est trop de moitié; seize Recteurs, c'est trop du tout. La *séparation des pouvoirs* serait une constitution très convenable pour les *trois degrés* de l'Instruction publique, dans les centres régionaux, aussi bien qu'au ministère central.

〰 Les professeurs des Facultés de Lyon prouvent la nécessité d'*Universités provinciales* en se faisant, l'un après l'autre, nommer à Paris.

〰 On parle si bien en France que l'on y est tenté de croire que cela dispense d'agir.

⁓ Un professeur député est plus ou moins dispensé de la caserne; et le professeur qui fait sa classe est soumis, au collège, à la discipline du régiment.

⁓ Tel professeur journaliste, à peine sorti de l'École normale, est décoré pour titres exceptionnels, c'est-à-dire pour avoir improvisé quelques articles dans une feuille politique, et le même jour, un de ses collègues, son ancien, parfois son maître, après des années d'excellents services, sera mis à la retraite sans autre récompense qu'une diminution de son traitement.

⁓ On connaît l'extraordinaire débit de certains livres classiques... Je serais curieux de savoir le nombre d'exemplaires qu'on en vendrait s'ils n'étaient pas signés.

⁓ La loi punit, avec raison, le chef de famille qui n'envoie pas régulièrement son fils à l'école; mais elle ne prescrit aucune sanction, même administrative, contre le chef de commune qui, au mépris de cette même loi, néglige de convoquer la Commission scolaire et rend ainsi illusoires tous les règlements sur l'obligation.

—— Ce n'est pas le magistrat qui est au-dessus de la loi, c'est la loi qui est au-dessus du magistrat. La véritable égalité est là et pas ailleurs. Rousseau l'a prouvé dans son *Contrat social*, et c'est son grand titre de gloire. L'administration n'a pas le droit de s'affranchir des liens qui entravent le simple citoyen; mais tel se croit d'essence royale parce qu'il s'assied, tous les jours, devant un bureau.

—— Ce qui peut faire croire que nous ne sommes pas républicains, c'est que nous n'avons pas les manières républicaines.

—— Pour qui veut aller au fond des choses et ne pas se payer de mots, cette grande loi sur l'Instruction laïque, gratuite et obligatoire n'est tout au plus appliquée que dans la proportion de *un* à *trois*. On sait, en effet, que les articles sur l'*obligation* sont lettres mortes. Quant à la *gratuité*, je l'estime, par rapport au passé, plus apparente que réelle. La collection entière des livres et des fournitures, pendant la période de scolarité, coûte aujourd'hui, pour chaque enfant, bien plus cher qu'autrefois, et ce surcroît de dépenses égale et compense (ou peu s'en faut) l'ancienne rétribution scolaire.

— Montaigne doit beaucoup à la *Pléiade*. N'a-t-il pas voulu enrichir notre prose, comme Ronsard notre poésie, de la dépouille des anciens ? Dans l'histoire littéraire, ces deux noms ne peuvent se séparer.

— L'histoire conserve le nom de plusieurs ministres de l'instruction publique, par exemple d'un Guizot, d'un Ferry ; aucun d'eux pourtant n'a fait tout ce qu'il voulait, tout ce qu'il pouvait faire.

— Par une fatalité singulière, quand nos révolutions faisaient table rase, nous n'avons jamais su mettre à profit ces occasions uniques pour reconstruire et pour édifier.

~~ Niera-t-on qu'il n'y ait en France des milliers de braves gens capables de travailler à la diffusion de l'enseignement populaire? Et sous notre libre constitution laissera-t-on toujours ces bonnes volontés sans emploi? Une oligarchie de fonctionnaires, sans responsabilité effective, restera-t-elle seule en possession d'agir et d'empêcher les autres de bien faire?

~~ Le nom de pédagogue ne blesse plus ni un Gréard, ni un Buisson, ni un Marion, mais le mot de *pédagogie* a encore le don d'agacer certains maîtres, plus éclairés sans doute ou plus dédaigneux. A les croire, la fonction d'éducateur est la chose du monde la plus simple, la moins compliquée; pour attirer les esprits et gagner les cœurs il n'est pas même besoin de cet appât que le pêcheur attache à son hameçon.

~~~ Tel qui n'a pas su être instituteur et élever des enfants se croit fait pour être législateur et gouverner des hommes.

~~~ Toute la morale de l'éducation consiste à faire des hommes qui ne soient pas honnêtes en vue de l'opinion, mais pour eux-mêmes, parce que tel est leur plaisir.

~~~ Il me semble que ces pédagogues, si hostiles à l'enseignement moderne, accusent les pommiers de ne pas porter des oranges ou des pêches.

~~~ Si la routine se perpétue chez nous, ce n'est pas qu'elle nous paraisse bonne; nous avons l'esprit trop critique pour cela : c'est que nous trouvons mauvaises les innovations, sans avoir pris le temps de les éprouver.

~~~ *Lendits, sports,* ou *exercices sportifs,* il faut approuver, sans distinction de termes, toutes les tentatives faites en vue de pro-
~~~

pager les exercices physiques dans nos écoles, à la condition qu'elles ne détournent pas les enfants de leurs autres études et ne produisent point un surmenage *corporel* tout au moins aussi nuisible que le surmenage *mental* dont on parle tant.

— La pratique des exercices physiques est à peine née, qu'elle a déjà ses systèmes et ses docteurs.

— Nous sommes surpris que les partisans des exercices physiques n'aient pas encore songé à les faire admettre comme épreuve, obligatoire ou facultative, au baccalauréat, classique ou moderne. L'idée, par le temps qui court, ne serait pas si mauvaise.

— Nous crions tous : Mort aux examens ! et nous ne sommes occupés qu'à recrépir ces vieilles idoles, à les dorloter, à les frictionner, et à leur faire prendre des élixirs de vie.

~~ Dans nos écoles le présent règne et le passé gouverne.

~~ Nos programmes surchargés sont comme les enfants de vieux, leur maturité précoce ne s'accommode pas à la jeunesse.

~~ L'âme française, pendant des siècles, a été façonnée à l'obéissance monarchique, et l'on s'étonne qu'elle manque de re rt, que l'esprit de libre initiative lui fasse défaut, et que la multitude attende d'en haut le mot d'ordre, les récompenses et les distinctions, les emplois et la richesse. Efforçons nous de refaire le moral de la nation. Il a fallu un millier d'années à la monarchie pour réaliser son idéal ; la République n'en demande pas autant ; mais certes dix douzaines de mois ne lui suffisent pas.

~~ Ce que Jean-Jacques avait surtout en vue dans l'*Émile*, c'est la politique de l'éducation, comme dans le *Contrat social* l'éducation du politique.

~~ Dans l'Éducation, comme dans toutes les manifestations de la vie publique, la centralisation administrative n'est qu'une forme embryonnaire du socialisme d'État.

Coulommiers. — Imp. PAUL BRODARD. — 651-94.